W0211334

GIOVANNI PAOLO II

TRITTICO ROMANO

GIOVANNI PAOLO II

TRITTICO ROMANO

Meditazioni

LIBRERIA EDITRICE VATICANA
00120 CITTÀ DEL VATICANO

Traduzione: Grazyna Miller

Referenze fotografiche:

Sovraccoperta: Michelangelo, Cappella Sistina: *La Creazione* (particolare); *Giudizio Universale*

p. 10: *Studio di figura giovanile per la Cappella Sistina,* Vienna, Albertina

p. 16: *Studio per il Giudizio Universale,* Cappella Sistina, Casa Buonarroti, Firenze

p. 32: *Sacrificio di Abramo,* Casa Buonarroti, Firenze

© Copyright 2003 – Libreria Editrice Vaticana – 00120 Città del Vaticano
Tel. 06.6988.5003 - Fax 06.6988.4716

ISBN 88-209-7451-7

www.libreriaeditricevaticana.com

PRESENTAZIONE

La prima tavola del trittico romano di Papa Giovanni Paolo II rispecchia l'esperienza della creazione, della sua bellezza, del suo dinamismo. Vi appare l'immagine delle colline boscose, e anche, più forte ancora, l'immagine delle acque che scorrono verso valle, dell' « argentata cascata del torrente, che dal monte cade ritmato ». A questo proposito mi sono ritornate in mente alcune frasi scritte da Karol Wojtyła nel 1976, quando predicò gli Esercizi per Paolo VI e la Curia. Egli racconta di un fisico con il quale aveva discusso a lungo e che alla fine gli aveva detto: « Dal punto di vista della mia scienza e del suo metodo sono ateo... ». Tuttavia, in una lettera lo stesso uomo gli scrisse: « Ogni volta che mi trovo davanti alla maestà della natura, dei monti, sento che LUI esiste ». Si tratta di due modi diversi di percepire la natura! Certo, la prima tavola del trittico si ferma quasi con timidezza sulla soglia. Il Papa non parla ancora direttamente di Dio. Egli prega però come si prega un Dio ancora ignoto: « Consentimi di aspergere le labbra d'acqua della sorgente, di percepire la freschezza — freschezza vivificante ». Così parlando egli cerca la sorgente e riceve l'indicazione: « Se vuoi trovare la sorgente, devi proseguire in su, controcorrente ». Nel primo verso della meditazione aveva detto: « Seno di bosco discende »; il bosco e le acque avevano indicato il movimento del discendere. La ricerca della sorgente, però, adesso lo obbliga a salire, a camminare controcorrente.

Ritengo che sia proprio questa la chiave di lettura delle due tavole seguenti. Esse, infatti, ci guidano nella salita « controcorrente ». Il pellegrinaggio spirituale compiuto in questo testo conduce verso il « Principio ». All'arrivo la vera sorpresa è che l'« inizio » svela anche la « fine ». Chi conosce l'origine, vede anche il dove e il perché dell'intero movimento dell'essere, il quale è divenire e proprio così anche perdurare: « Tutto perdura divenendo perpetuamente ». Il nome della sorgente che il pellegrino scopre è, anzitutto, Verbo, secondo le parole iniziali della Bibbia, ossia « Dio disse », che Giovanni ha ripreso nel suo Vangelo riformulandole in modo insuperabile: « In principio era il Verbo ». Però, la vera parola chiave che riassume il pellegrinaggio della seconda tavola del Trittico non è « Verbo », bensì visione e vedere. Il Verbo ha un volto. Il Verbo —, la sorgente — è una visione. Il creato, l'universo proviene da una visione. E l'uomo esce da una visione. Questa parola chiave conduce, quindi, il Papa meditante a Michelangelo, agli affreschi della Cappella Sistina, che gli sono divenuti tanto cari. Nelle immagini del mondo, Michelangelo ha scorto la visione di Dio; egli ha, per così dire, visto con lo sguardo creatore di Dio e, attraverso questo sguardo, ha riportato su muro, per mezzo di audaci affreschi, la visione originale dalla quale deriva ogni realtà. In Michelangelo, che ci aiuta a riscoprire la visione di Dio nelle immagini del mondo, sembra realizzarsi in modo esemplare ciò che è destinato a tutti noi. Di Adamo ed Eva, che rappresentano l'essere umano in generale, uomo e donna, il Papa dice: « Anche loro sono divenuti partecipanti di questa visione... ». Ogni uomo è chiamato a « riacquistare questa visione di nuovo ». Il cammino che conduce alla sorgente è un cammino per diventare vedenti: per imparare da Dio a vedere. Allora appaiono il principio e la fine. Allora l'uomo diventa giusto.

Principio e fine, — probabilmente al Papa, che pellegrina verso l'interno e verso l'alto, il nesso esistente tra loro è apparso chiaro proprio nella Cappella Sistina, dove Michelangelo ci ha donato le immagini dell'inizio e della fine — la visione della creazione e l'imponente dipinto del giudizio finale. La contemplazione del Giudizio Universale, nell'epilogo della seconda tavola, è forse la parte del Trittico che commuove di più il lettore. Dagli occhi interiori del Papa emerge nuovamente il ricordo dei Conclavi dell'agosto e dell'ottobre 1978. Poiché anch'io ero presente, so bene come eravamo esposti a quelle immagini nelle ore della grande decisione, come esse ci interpellavano; come insinuavano nella nostra anima la grandezza della responsabilità. Il Papa parla ai Cardinali del futuro Conclave « dopo la mia morte » e dice che a loro parli la visione di Michelangelo. La parola Con-clave gli impone il pensiero delle chiavi, dell'eredità delle chiavi lasciate a Pietro. Porre queste chiavi nelle mani giuste: è questa l'immensa responsabilità in quei giorni. Si ricordano così le parole di Gesù, il « guai » che ha rivolto ai dottori della legge: « avete tolto la chiave della scienza » (*Lc* 11, 52). Non togliere la chiave, ma usarla per aprire affinché si possa entrare per la porta: a questo esorta Michelangelo.

Ritorniamo però al centro vero e proprio della seconda tavola, ossia lo sguardo all'« origine ». Che cosa vi vede l'uomo? Nell'opera di Michelangelo il Creatore appare con le « sembianze di un essere umano »: l'immagine e somiglianza dell'uomo con Dio viene rovesciata in modo da poterne dedurre l'umanità di Dio, la quale rende possibile rappresentare il Creatore. Tuttavia, lo sguardo che Cristo ci ha aperto conduce ben oltre e mostra in modo rovesciato, partendo dal Creatore, dalle origini, chi l'uomo è in realtà. Il Creatore, — l'origine — non è, come potrebbe apparire nel dipinto di Michelangelo, semplicemente « l'Onnipotente Vecchio ». È invece « Comunione di persone... un reciproco donarsi... ». Se all'inizio abbiamo visto Dio partendo dall'uomo, ora impariamo a vedere l'uomo partendo da Dio: reciproco donarsi — a questo è destinato l'uomo —; se riesce a trovare la via per giungere a ciò, allora rispecchia l'essenza di Dio e dunque si svela il nesso tra il principio e la fine.

L'immenso arco, che è la vera visione del Trittico Romano, si rivela chiaramente nella terza tavola, la salita di Abramo e Isacco sul monte di Moria, il monte del sacrificio, del donarsi senza riserve. La salita è l'ultima e decisiva fase del cammino di Abramo, iniziato con la partenza dalla sua patria, Ur dei Caldei; è la fase fondamentale nella salita verso la vetta, controcorrente, verso la sorgente, che è anche la mèta. Nel dialogo inesauribile tra padre e figlio, fatto di poche parole e del portare insieme, in silenzio, il mistero di queste parole, si riflettono tutte le domande della storia, la loro sofferenza, le loro paure e speranze. Alla fine emerge che questo dialogo tra padre e figlio, tra Abramo e Isacco, è il dialogo in Dio stesso, il dialogo tra l'eterno Padre e suo Figlio, il Verbo, e che questo dialogo eterno rappresenta allo stesso tempo anche la risposta al nostro dialogo umano incompiuto. Infatti, alla fine vi è la salvezza di Isacco, — l'agnello — segno misterioso del Figlio, che diviene Agnello e vittima sacrificale, svelandoci così il vero volto di Dio: quel Dio che ci dona se stesso, che è interamente dono e amore, fino all'estremo, fino alla fine (cfr. *Gv* 13, 1). Così, proprio in questo concretissimo evento della storia, che tanto sembra allontanarci dalle grandi vedute della creazione della prima tavola del Trittico, appare evidente l'origine e la fine di tutto, il nesso tra discesa e salita, tra sorgente, cammino e mèta: diventa riconoscibile il Dio che dona se stesso, che è al contempo principio, via e mèta. Questo Dio traspare nella creazione e nella storia. Ci cerca nelle nostre sofferenze e nei nostri interrogativi. Ci mostra che cosa significa essere uomini: donarsi nell'amore, il che ci rende simili a Dio. Attraverso il cammino del Figlio sul monte del sacrificio si svela « il mistero celato dell'esordio del mondo ». L'amore che dona è il mistero originale e, amando anche noi, comprendiamo il messaggio della creazione, troviamo il cammino.

JOSEPH Cardinal RATZINGER

I

Torrente

amdg 14. IX. 2002 Castelgandolfo 1 Totus Tuus ego sum

„Ruah", Duch Boży unosił się nad wodami"...

[I Zdumienie]

Zatoka lasu zstępuje
w rytmie górskich potoków
rytm ten objawia Ciebie,
Przedwieczne Słowo.
Jakże przedziwne jest Twoje milczenie
we wszystkim, czym zewsząd przemawia
stworzony świat...
co razem z zatoką lasu
~~co~~ zstępuje wdół każdym zboczem...
to wszystko, co z sobą unosi
srebrzysta kaskada potoku,
który spada z góry rytmicznie
niesiony swoim własnym prądem
– niesiony dokąd?

Co mi mówisz górski strumieniu?
w którym miejscu ze mną się spotykasz?
ze mną, który także przemijam –
~~czy~~ podobnie jak Ty...
czy podobnie jak ty?
~~Pozwól mi się tutaj zatrzymać.~~
~~Pozwól mi się zatrzymać na progu,~~
~~Oto jedno z tych najprostszych zdumień.~~
Potok się nie zdumiewa, gdy spada wdół –
i lasy milcząco zstępują w rytmie potoku
– lecz zdumiewa się człowiek!
Próg, który świat w nim przekracza,
jest progiem zdumienia.
(Kiedyś temu właśnie zdumieniu nadano imię „Adam")

Lo Spirito di Dio si librava sulle acque...

1. *Stupore*

Seno di bosco discende
al ritmo di montuose fiumare.
Questo ritmo mi rivela Te,
il Verbo Primordiale.

Com'è stupendo il Tuo silenzio
in tutto ciò che da ogni dove propala
un mondo reale...
che assieme al seno di bosco
scende giù da ogni versante...
tutto ciò che con sé trascina
l'argentata cascata del torrente,
che dal monte cade ritmato,
trasportato dalla propria corrente...
— dove trasportato?

Che hai detto, torrente di monte?
In che luogo t'incontri con me?
Con me che sono altresì perituro
come te, siffatto...
Ma cosiffatto come te?

(Di fermarmi qui, acconsenti —
consentimi di fermarmi al varco,
ecco uno di questi semplici portenti.)
Non si stupisce una fiumara scendente
e silenziosamente discendono i boschi
al ritmo del torrente
— però un umano si meraviglia.
Il varco che un mondo trapassa attraverso l'uomo
è dello stupore la soglia,
(una volta, proprio questo portento
fu nominato « Adamo »).

Ed era solo, col suo stupore,
tra le creature senza meraviglia
— per le quali esistere e trascorrere era sufficiente.
L'uomo, con loro, scorreva
sull'onda dello stupore!
Meravigliandosi, sempre emergeva
dal maroso che lo trasportava,
come per dire a tutto il mondo:
« Fermati! — in me hai un porto,
in me c'è quel luogo d'incontro
col Primordiale Verbo » —
« fermati, questo trapasso ha un senso,
ha un senso... ha un senso... ha un senso! ».

2. *La sorgente*

Seno di bosco discende
al ritmo di montuose fiumare...
Se vuoi trovare la sorgente,
devi proseguire in su, controcorrente.
Penetra, cerca, non cedere,
tu lo sai, dovrebbe essere qui, da qualche parte —
Sorgente, dove sei?... Dove sei, sorgente?!

Un silenzio...
Torrente di bosco, torrente,
svelami il mistero
della tua origine!

(Un silenzio... — perché taci?
Hai sottratto alla vista scrupolosamente
il mistero della tua scaturigine.)

Consentimi di aspergere le labbra
d'acqua della sorgente,
di percepire la freschezza
— freschezza vivificante.

II

Meditazioni sulla « Genesi »

Dalla soglia della Cappella Sistina

Sykstyńska polichromia przemawia wówczas

słowa Pana:
„Tu es Petrus" — usłyszał Szymon syn Jony.

„Tobie dam klucze Królestwa"

Ludzie, którym troskę o dziedzictwo kluczy powierzono,

zbierają się tutaj, pozwalają się ogarnąć sykstyńskiej polichromii,

wizji, którą Michał Anioł pozostawił —

Tak było w sierpniu, a potem w październiku pamiętnego roku dwóch konklave,

i tak będzie znów, gdy zajdzie potrzeba.

po mojej śmierci.

Trzeba, by przemówiła do nich wizja Michała Anioła.

„Con-clave" — wspólna troska o dziedzictwo kluczy, kluczy Królestwa.

Oto widzą siebie pomiędzy Początkiem a Kresem,
pomiędzy Dniem Stworzenia i Dniem Sądu...
Postanowiono człowiekowi raz umrzeć, a potem Sąd!
Ostateczna przejrzystość i światło

Przejrzystość dziejów —

Przejrzystość sumień —

Potrzeba, aby w czasie konklave Michał Anioł uświadomił ludziom —

Nie zapominajcie: Omnia nuda et aperta sunt ante oculis Eius...
Ty, który wszystko przenikasz — wskaż!
On wskaże...

1. *Il primo Vedente*

« In Lui viviamo, ci muoviamo ed esistiamo »
— dice Paolo all'Areopago d'Atene —
Chi è Costui?
Come se fosse l'ineffabile spazio che avvolge tutto —
Lui il Creatore:
Domina ogni cosa, traendo l'esistenza dal nulla,
e non soltanto in principio, ma di continuo.
Tutto perdura divenendo perpetuamente —
« Al principio era il Verbo
e per mezzo di Lui tutto è stato fatto ».

Il Mistero del principio nasce assieme al Verbo,
si rivela attraverso il Verbo.
Verbo — perenne visione ed enunciazione.
Colui che creava, vedeva — vide « che ciò era buono »,
scorgeva con un concetto diverso dal nostro.
Lui — il primo Vedente —
Vedeva, ritrovava in tutto un'orma del suo Essere,
della sua plenitudine —
Vedeva: *Omnia nuda et aperta sunt ante oculos Eius* * —
Il nudo e il trasparente,
il vero, il buono e il bello —

* « Tutto è scoperto e palese dinanzi agli occhi Suoi ».

Scorgeva con un concetto insolito, estraneo al nostro.
Una perenne visione ed enunciazione:
« Al principio era il Verbo
e per mezzo di Lui tutto è stato fatto »,
il tutto, in cui viviamo, ci muoviamo ed esistiamo —
Il Verbo, lo stupendo Verbo primordiale,
come un'invisibile soglia
di tutto ciò che è stato creato, esiste ed esisterà.
Come se il Verbo fosse la soglia.

La soglia del Verbo, in cui tutto era di foggia invisibile,
la divina e l'eterna — dietro questa soglia
iniziano gli eventi!

Mi trovo sul limine della Sistina —
Forse tutto ciò era più facile interpretare
nel linguaggio della « Genesi » —
Ma il Libro aspetta l'immagine —
È giusto. Aspettava un suo Michelangelo.
Perché Colui che creava,
« vedeva » — vide che « ciò era buono ».
« Vedeva », ed allora il Libro aspettava
il frutto della « visione ».
O uomo che vedi anche tu, vieni —
Sto invocandovi « vedenti » di tutti i tempi.
Sto invocandoti, Michelangelo!

Nel Vaticano è posta una cappella,
che aspetta il frutto della tua visione!
La visione aspetta l'immagine.
Da quando il Verbo si fece carne, la visione,
da allora, aspetta.

Stiamo sulla soglia del Libro.

Questo è il Libro delle Origini — *Genesis.*
Qui, in questa cappella lo ha descritto Michelangelo,
non con le parole, ma con una ricchezza
affluente di colori.

Entriamo, per rileggerlo,
passando di stupore in stupore.

Così, allora, è qui — vediamo e riconosciamo
il Principio che sorge dall'inesistenza,
ubbidendo al Verbo della creazione;
qui traspira da queste mura.
Ma forse la Fine affiora più intensamente.
Sì, ancor più efficacemente traspare il Giudizio.
Un Giudizio, un finale Giudizio.
Ecco la via che tutti attraversiamo —
ognuno di noi.

2. *Immagine e somiglianza*

« Dio foggiò l'uomo a Sua immagine e somiglianza,
lo creò maschio e femmina —
e Dio vide, che ciò era buono assai,
l'uno e l'altra erano ignudi e non ne avevano
vergogna ».
Questo è possibile?
Non chiederlo ai contemporanei, ma chiedi
a Michelangelo,
(o forse anche ai presenti!?).
Chiedi alla Sistina.
Così tanto raccontano queste mura!

Il Principio è invisibile. Qui tutto lo indica.
Questa tutt'intera esuberante vista
che la genialità umana aveva liberato.
Anche la Fine è invisibile.
Anche se qui, viandante, sul tuo sguardo
cade una visione del Giudizio Finale.
Come renderlo visibile, come poter scrutare
oltre i limiti del bene e del male?

Il Principio e la Fine, invisibili, da queste mura
penetrano in noi!

Lui

« In Lui viviamo, ci muoviamo ed esistiamo ».
Ma Lui è soltanto uno spazio d'esistenza
degli esistenti?

È il Creatore.
Abbraccia tutto plasmando e rianimando l'esistenza —
Causa la somiglianza.
Quando Paolo apostolo predica all'Areopago,
nelle sue parole si manifesta un'intera tradizione
dell'Alleanza.
Là, il giorno si concludeva con queste parole:
« E Dio vide che ciò era buono ».

Vedeva, ritrovava l'orma del suo Essere —
Riviveva il proprio splendore in tutto il visibile.
Il Primordiale Verbo è come la soglia,
dietro la quale viviamo, ci muoviamo ed esistiamo.

L'uomo (Io)

Perché proprio di quell'unico giorno si è detto:
« Dio vide che ciò che aveva fatto era buono assai »?
Perché, allora, sembra che la storia contraddica
tutto questo?
Pure il nostro ventesimo secolo! E non solo
il ventesimo!
Però, nessun secolo riuscirà ad offuscare la verità
su immagine e somiglianza.

Michelangelo

Tempo fa, con questa verità si era chiuso in Vaticano,
per poi uscire da lì, lasciandoci la Cappella Sistina.
« Dio, allora, foggiò l'uomo a Sua somiglianza,
a somiglianza di Dio lo creò,
lo creò maschio e femmina.
Anche se tutti e due erano ignudi,
l'uno dell'altra non avevano vergogna »!
E il Creatore vide che ciò era buono assai.
Non è forse Lui che vede tutto in assoluta verità?
Omnia nuda et aperta ante oculos Eius.

Loro

Anche loro, sulla soglia degli eventi,
vedono se stessi in assoluta autenticità:
erano ignudi tutti e due...
Anche loro sono divenuti partecipi di questa visione
che il Creatore ha trasmesso su di loro.
Non vogliono forse rimanere tali?
Non vogliono forse riacquistare
questa visione di nuovo?
Non vogliono forse, per se stessi,
essere autentici e trasparenti —
come già lo sono per Lui?

Se è così, cantano l'inno del ringraziamento,
un *Magnificat* dell'intimo umano
ed è allora che sentono profondamente
che proprio « in Lui viviamo, ci muoviamo
ed esistiamo » — Proprio in Lui!
È Lui che gli permette di partecipare a questa bellezza
che aveva ispirato in loro!
È Lui che gli schiude gli occhi.
Tempo fa, Michelangelo uscendo dal Vaticano,
ha lasciato la policromia,
la cui chiave è « immagine e somiglianza ».
In base a questa chiave,
l'invisibile si manifesta nel visibile.
Un Presacramento.

3. *Presacramento*

Chi è Colui? L'Indicibile. L'Esistenza autarchica.
L'Unico. Il Creatore di tutto.
Al tempo stesso una Comunione di Persone.
In questa Comunione un reciproco donarsi
della plenitudine di verità, bontà e bellezza.
Con tutto ciò, prima di tutto — l'indicibile.
Eppure, ci ha parlato di Sé.
Ha parlato pure,
creando l'uomo a Sua immagine e somiglianza.
Nella policromia sistina il Creatore
ha le sembianze di un essere umano.
È l'Onnipotente Vecchio — un Uomo,
simile ad Adamo che Egli crea.

E loro?
« Li creò maschio e femmina ».
Per grazia di Dio ricevettero una virtù.
Presero dentro di sé — nella dimensione umana —
questo reciproco donarsi che è in Lui.
Tutti e due ignudi...
Non provarono vergogna, finché permaneva
questo dono —
La vergogna sopraggiungerà col peccato,
però adesso continua l'esaltazione.
Vivono coscienti del dono,

anche se non sanno esprimere tutto ciò.
Ma vivono di questo. Sono puri.
Casta placent superis; pura cum veste venite,
et manibus puris sumite fontis aquam * —
queste parole leggevo ogni giorno, per otto anni,
entrando nel portone del ginnasio di Wadowice.

Il Presacramento —
solo essere visibile segno di perenne Amore.

E quando divengono « un corpo solo »
— o mirabile unione —
nell'orizzonte di questo connubio si schiude
la paternità e la maternità.
— Ed è allora che attingono alle fonti di vita,
che si trovano in loro.
— Risalgono al Principio.
— Adamo conobbe la moglie
e lei concepì e procreò.
Sanno che hanno varcato la soglia
della più grande responsabilità!

* « La purezza è ben accetta nel cielo, venite con la veste candida e con mani pure attingete l'acqua della sorgente ».

Compimento – ***Apocalypsis***

La Fine è invisibile così come il Principio.
L'universo emerse dal Verbo e, altresì, al Verbo ritorna.
Proprio nel centro della Sistina, l'artista ha mostrato
l'invisibile Fine
nel visibile dramma del Giudizio —
E questa invisibile Fine è divenuta visibile,
come l'apogeo della trasparenza:
omnia nuda et aperta ante oculos Eius!
Le parole scritte da Matteo, qui trasfigurate
nella pittorica visione:
« Venite benedetti... andate maledetti »...

E così scorrono le generazioni —
Ignudi vengono al mondo e ignudi tornano alla terra,
da cui sono stati plasmati.
« Dalla polvere sei stato tratto e nella polvere
tornerai ».
Tutto ciò che aveva forma — nell'informe.
Tutto ciò che era vivo, ecco, ormai deceduto,
tutto ciò che era bello — ecco adesso
la difformità della desolazione.
Però io non muoio del tutto,
quel che in me è imperituro permane!

4. *Il Giudizio*

Nella Cappella Sistina
l'artista aveva inserito il Giudizio.
Il Giudizio domina tutto l'interno.
Ecco la Fine invisibile che si trasmuta
qui nell'icastica visione.
Una Fine e, nel contempo,
un apogeo della trasparenza —.
Tale è la via delle generazioni.

Non omnis moriar * —
Quel che in me è imperituro,
ora si trova faccia a faccia con Lui che È!
Così si è ripopolato il muro centrale
della policromia sistina.

Adamo, ricordi? Lui all'esordio ti chiedeva:
« Dove sei? ».
E tu rispondesti: « Mi sono nascosto,
per non farmi vedere da Te, poiché ero ignudo ».
« Chi ti ha fatto sapere che eri nudo?... ».
« La donna, che tu mi hai posta accanto
mi porse il frutto... ».

* « Non morirò del tutto ».

Tutti quelli che affollano il muro centrale
della policromia sistina,
portano dentro di sé un lascito
della tua risposta di allora!
Di quella domanda e di quella risposta!
Tale è la Fine della vostra via.

Epilogo

E proprio qui, ai piedi di questa stupenda
policromia sistina,
si riuniscono i cardinali —
una comunità responsabile per il lascito
delle chiavi del Regno.
Giunge proprio qui.
E Michelangelo li avvolge, tuttora, della sua visione.
« In Lui viviamo, ci muoviamo ed esistiamo... ».

Chi è Lui?
Ecco, la mano creatrice dell'Onnipotente Vecchio,
diretta verso Adamo...
Al principio Dio ha creato...
Colui che vede tutto...

La policromia sistina allora propagherà
la Parola del Signore:
Tu es Petrus * — udì Simone, il figlio di Giona.
« A te consegnerò le chiavi del Regno ».

* « Tu sei Pietro ».

La stirpe, a cui è stata affidata la tutela
del lascito delle chiavi,
si riunisce qui, lasciandosi circondare
dalla policromia sistina,
da questa visione che Michelangelo ci ha lasciato —
Era così nell'agosto e poi nell'ottobre,
del memorabile anno dei due conclavi,
e così sarà ancora, quando se ne presenterà l'esigenza
dopo la mia morte.
All'uopo,
bisogna che a loro parli la visione di Michelangelo.
« Con-clave » *: una compartecipata premura
del lascito delle chiavi, delle chiavi del Regno.
Ecco, si vedono tra il Principio e la Fine,
tra il Giorno della Creazione e il Giorno del Giudizio.
È dato all'uomo di morire
una volta sola e poi il Giudizio!

Una finale trasparenza e luce.
La trasparenza degli eventi —
La trasparenza delle coscienze —
Bisogna che, in occasione del conclave,
Michelangelo insegni al popolo —
Non dimenticate: *Omnia nuda et aperta sunt*
ante oculos Eius.
Tu che penetri tutto — indica!
Lui additerà...

* « Con la chiave » (la riunione dei cardinali, nella stanza chiusa a chiave, per l'elezione del Papa).

III

Colle nel paese di Moria

Andy V 1 Totus Tuus ego sum

I <u>Ur w ziemi chaldejskiej</u>

Był taki czas, kiedy ludzie
nie przestawali wędrować.
Oto cieni stadami szli tam,
gdzie ich wabił urodzaj:
tam, gdzie ziemia jak żyzna matka
zdolna była wykarmić zwierzęta
tam i wówczas rozbijał namioty,
zaczynał mieszkać.

Dlaczego my dziś szukamy
tego miejsca w ziemi chaldejskiej,
skąd wyruszył Abram syn Teracha
z gromadą podobnych sobie koczowników?
Myślał może: dlaczego mam stąd odchodzić?
Dlaczego mam opuszczać Ur w ziemi chaldejskiej?
Czy tak ~~pytał~~ myślał? czy odczuwał smutek rozstania?
czy oglądał się wstecz?
Nic nie wiemy. Wiemy tylko, że słyszał głos,
który mówił do niego: Wyjdź!
Abram postanowił ~~iść~~ iść za głosem.

1. *Ur nella terra di Caldea*

C'erano tempi quando la gente
non smetteva mai di peregrinare.
Circondati dalle greggi migravano,
dove li chiamava ubertà:
là dove la terra, come una fertile madre,
riusciva a nutrire le bestie,
là, allora, anche l'uomo piantava le tende,
iniziava ad abitare.

Perché noi oggi cerchiamo
questo posto nella terra di Caldea,
da dove è partito Abram, figlio di Terach,
con i nomadi come lui?
Forse pensava: perché devo andarmene da qui?
Perché io debbo abbandonare Ur di Caldea?
Questo pensò? Provò la tristezza del distacco?
Si guardò indietro?
Siamo ignari di tutto ciò. Sappiamo soltanto
che udì la Voce
che l'esortava: Vai!
Abram decise di seguire la Voce.

La Voce proferiva: diventerai il padre di molti popoli,
la tua discendenza si moltiplicherà,
come la sabbia sulla riva del mare.

Come può avverarsi una simile promessa —
meditò Abram,
quando la natura mi ha negato il dono
della paternità?
La sposa che amai dai giorni della mia gioventù
non mi diede figlio.
Questo fatto ci mortifica tutti e due.
Però la Voce prediceva: diventerai padre.
Diventerai il padre di tante nazioni.
La tua discendenza si moltiplicherà,
come la sabbia sulla riva del mare.

2. *Tres vidit et unum adoravit* *

Chi potrebbe indovinare così un avvenire
imminente e lontano?

Chi è Costui, l'In-nominabile,
che ha voluto rivelarsi nella voce?
Che ha parlato ad Abramo così
come parla l'uomo ad un altro uomo?

Era l'Insolito. Diverso da tutto ciò
che un umano potesse pensare di Lui.
Esplicava — quindi aspettava una risposta...

Una volta venne a fare visita ad Abramo.
Erano i Tre Pellegrini che Abram ospitò
con grande deferenza.
Ma sapeva che era Lui.
Unicamente Lui.
Riconobbe la Voce. Riconobbe la promessa.
Un anno dopo, insieme con Sara, gioivano
della nascita del figlio,
anche se erano avanti con gli anni.

* «Tre ha visto, ma solo Uno ha adorato».

Un figlio — questo significa: paternità e maternità.
Diventerai padre, Abram,
diventerai il padre di tante nazioni.
D'ora in poi, il tuo nome sarà « Abramo ».
Ti benedirò in questo nome.
In questo nome moltiplicherò i tuoi discendenti,
fino all'estremità della terra.
Questo nome significherà:
« Colui che ebbe fede sperando contro ogni speranza ».

Intorno, tutta la gente e tutti i popoli,
creavano da sé altri dèi
(così l'Egitto, così l'Ellade, così Roma).
Lui, Abramo, ha creduto in Colui che È,
Colui a cui parlava, incamminandosi
appresso alla Voce,
davanti a Lui apriva la porta della propria tenda,
Lui invitava al convito,
con Lui conviveva.

Oggi, perciò, noi ritorniamo a questi luoghi,
poiché Dio passò di qua, quando venne da Abramo,
da Abramo che ha creduto, venne Dio.

Quando tutti i popoli e tutta la gente,
si fecero da sé altri dèi,
è venuto Colui che È.
Entrò nella storia dell'uomo
e gli svelò il Mistero,
celato dall'esordio del mondo.

3. *Conversazione tra padre e figlio nel paese di Moria*

Ed il terzo giorno camminavano
e parlavano ancora:
Ecco il colle sul quale offrirò a Dio il sacrificio —
disse il padre e il figlio diventò taciturno,
non osava chiedere:
Dov'è l'agnello? abbiamo il fuoco e la legna
ed un pugnale sacrificale,
però, dov'è l'agnello?
Dio da solo lo sceglierà —
così ha detto, non aveva il coraggio di pronunciare
ad alta voce queste parole:
quell'agnello, figlio mio, sarai tu — allora taceva.

E col silenzio sprofondava ancor di più
nel sordo recesso.
Udiva la Voce che lo conduceva.
Adesso la Voce tace.
È rimasto da solo col proprio nome
Abramo:
Colui che ebbe fede, sperando contro ogni speranza.

Tra qualche istante costruirà il rogo sacrificale,
accenderà il fuoco, legherà le mani di Isacco —
dopo di che — che allora? divamperà il rogo...
Già si rispecchiava nel padre del figlio morto,
che la Voce prima gli aveva dato ed ora,
perché glielo riprendeva?

O Abramo, tu che ascendi al Colle di Moria,
esiste un tale limite della paternità,
una tale soglia, quale tu mai varcherai.
Un altro Padre riceverà qui la Consacrazione
del suo Figlio.
Non intimorirti, Abramo, va' avanti
e prosegui in quel che devi fare.
Tu diverrai il padre di tante nazioni,
prosegui in quel che devi fare, fino alla fine.
Lui fermerà la tua mano, quando già sarà pronta
ad assestare
questo colpo sacrificale...
Lui non permetterà mai che la tua mano compia
ciò che si è già compiuto nel cuore.
Sì — la tua mano resterà sospesa nell'aria.
Lui da solo la fermerà.
E d'ora in poi, il Colle di Moria diverrà un'attesa —
poiché sulla sua vetta si dovrà compiere il mistero.

4. *Dio dell'alleanza*

O Abramo —
Colui che entrò nella storia dell'uomo,
desidera, soltanto attraverso te, svelare
questo mistero, celato dall'esordio del mondo,
un mistero più remoto del mondo!

Se oggi percorriamo questi luoghi,
da cui, tempo fa, era partito Abramo,
dove aveva udito la Voce,
dove si era compiuta la promessa,
solo perché
potessimo fermarci sul limine —
per attingere al principio dell'Alleanza.

Poiché Dio aveva manifestato ad Abramo,
cosa è, per un padre, il sacrificio del proprio figlio —
un'immolata morte.
O Abramo — così Dio ha amato il mondo,
che ha consacrato il suo Figlio, perché ognuno,
che avrà fede in Lui,
possa attingere alla vita eterna.

— Fermati —
Io porto dentro di me il tuo nome,

il nome — segno dell'Alleanza
che il Verbo Primordiale ha stretto con te,
ancor prima che creasse il mondo.

Ricorda questo luogo, quando andrai via da qui,
luogo che rimarrà in attesa del suo proprio giorno —.

PER UNA LETTURA E UNA INTERPRETAZIONE DEL «TRITTICO ROMANO» DI GIOVANNI PAOLO II

Il *Trittico romano* di Karol Wojtyła è un testo poetico bello e toccante, ma non è di facile lettura e comprensione, se non si acquisiscono in via preliminare — per usare espressioni della filosofia ermeneutica — quelle «pre-nozioni» e «pre-conoscenze», le quali ci permettano di entrare nel giusto «circolo ermeneutico» che ci aiuti a intendere quell'elemento specifico che lo caratterizza.

In primo luogo, dobbiamo richiamare l'attenzione sulla doppia radice della composizione: quella «polacca» e quella «romana». Si tratta di due voci fuse insieme in modo armonico.

In una lettera in occasione della pubblicazione delle *Opere letterarie*, in traduzione italiana (LEV 1992), il pontefice scriveva: «A questa secolare "sinfonia" hanno dato apporto anche la storia e la lingua della Nazione di cui io sono figlio. Ringrazio il Signore che mi ha concesso l'onore e la gioia di partecipare a questa impresa culturale e spirituale: dapprima con passione giovanile e, poi, nel succedersi degli anni, con un approccio progressivamente arricchito dal confronto con altre culture e soprattutto dall'esplorazione dell'immenso patrimonio culturale della Chiesa. In tal modo la mia voce è rimasta sì polacca, ma è diventata, al tempo stesso, europea, secondo la duplice tradizione orientale e occidentale».

In un *Discorso ai giovani* del 1979 precisava: «L'ispirazione cristiana non cessa d'essere sorgente principale della creatività degli artisti polacchi. La poesia polacca scorre sempre con una larga corrente di ispirazioni, che hanno la loro sorgente nel Vangelo».

In secondo luogo, va tenuto ben presente il fatto che l'asse portante delle composizioni di Wojtyła «poeta» coincide esattamente con quello di Wojtyła «filosofo» e di Wojtyła «teologo». Questo asse portante consiste nella concezione dell'uomo, non solo e non tanto nella sua dimensione terrestre e temporale, ma anche e soprattutto nelle sue origini metafisiche e nel suo destino escatologico, con la complessa e intricata dinamica che ciò comporta.

Sorge un problema di fondo di carattere estetico: è possibile comporre opere «poetiche» sulla base di concetti «filosofici» e «teologici»? La risposta a questo problema è essenziale per comprendere e gustare a fondo il *Trittico romano* di Giovanni Paolo II.

Per molto tempo in Italia si è negata tale possibilità. L'idea che la poesia non leghi con la filosofia e con la teologia è stata sostenuta anche da vari autori di differente formazione culturale, e, per certi aspetti, rimane ancora abbastanza diffusa. In realtà, si tratta di una idea in larga misura infondata, e quindi errata.

Paul Valéry, per esempio, sosteneva (nell'*Athenaeum* del 23 luglio 1920) che poesia e filosofia non possono fondersi insieme, in quanto implicano «condizioni e applicazioni dello spirito incompatibili fra di loro»; la filosofia crea *nozioni,* ossia concetti, mentre il poeta esprime *stati d'animo,* portandoli a un punto di perfetto godimento.

Il grande poeta e pensatore T. S. Eliot, riprendendo queste affermazioni di Valéry e mettendole a confronto con la poesia di Dante, le confuta in maniera perfetta. E ciò che egli dice per la poesia di Dante vale anche per la poesia di Wojtyła. « Il poeta può trattare i concetti filosofici, non come materia di discussione, ma come *materia di visione* » (*Opere 1904-1930,* edizione Bompiani, p. 419). E ancora: «Quella di Dante è una *immaginazione visiva*» (*ivi,* p. 832).

In breve: il filosofo in quanto creatore di concetti è un « pensatore », mentre il poeta in quanto creatore di immagini è un « visionario ». E proprio in quanto « visionario », il poeta può « vedere » ed esprimere per « immagini » ciò che il filosofo e il teologo esprimono per « concetti ».

Wojtyła stesso che nella seconda composizione del *Trittico romano,* che si intitola *Meditazioni sulla « Genesi ». Sulla soglia della Cappella Sistina,* ce lo conferma in modo sorprendente. Parecchie decine di volte ritornano a pioggia i termini « visione », « vedere », « immagine ». Si tratta di una composizione che contiene una straordinaria espressione del poeta come « visionario », portata addirittura al più alto livello.

Si tratta, si potrebbe dire, di una « visione alla seconda potenza »: il libro della *Genesi* — dice Wojtyła — aspettava di essere tradotto nell'immagine da un grande pittore; e le *Meditazioni sulla « Genesi »* di Wojtyła sono una visione poetica ispirata dalla visione pittorica espressa da Michelangelo nella Cappella Sistina.

Anzi, si potrebbe parlare addirittura di una « visione poetica alla terza potenza », per le seguenti ragioni. Il Logos divino è la primigenia rivelazione, e quindi è « visione assoluta » del Mistero.

Wojtyła scrive:

Verbo — perenne visione ed enunciazione.
Colui che creava, vedeva – vide « ciò che era buono »,
scorgeva con un concetto diverso dal nostro,
Lui, il primo Vedente —
Vedeva, ritrovava in tutto l'orma del suo Essere,
  della sua plenitudine —
Vedeva...

E poco più avanti soggiunge:

Nel Vaticano è posta una cappella, che aspetta il frutto della tua visione
La visione aspetta l'immagine.
Da quando il Verbo si fece carne, la visione, da allora, aspetta.

Dunque, l'Invisibile, dapprima, si fa visibile nel Logos; poi si fa visibile nelle immagini della pittura di Michelangelo, quindi in quelle della poesia di Wojtyła.

Wojtyła si sofferma soprattutto sul Giudizio finale, attraverso cui tutti passeremo, quella « Fine invisibile » che è stata trasformata da Michelangelo in « icastica veduta », quel Fine supremo che diventa « apogeo della trasparenza ». In quel momento, dice il poeta, ciascuno di noi, « a faccia a faccia con Colui che È », si sentirà porre l'originaria domanda: « Adamo, dove sei? ». E da molti « Colui che È », nell'assoluta trasparenza in cui tutto si vede, si sentirà rispondere: « Mi sono nascosto, per non farmi vedere da Te, poiché sono nudo ».

In questa dimensione della visione metafisico-poetica, Wojtyła, nella Cappella Sistina, vede anche se stesso mentre vota nel conclave dell'agosto 1978 quel cardinale che divenne Papa Giovanni Paolo I e in quella dell'ottobre dello stesso anno in cui lui stesso è votato e diviene Giovanni Paolo II. Anzi, sembra intravedere anche quello che sarà il « con-clave » che, dopo la sua morte, dovrà trasferire le Chiavi del Regno al successore, e scrive:

All'uopo, bisogna che a loro parli la visione di Michelangelo.
« Con-clave »: una compartecipata premura del
lascito delle chiavi, delle Chiavi del Regno.
Ecco, si vedono tra il Principio e la Fine,
tra il Giorno della Creazione e il Giorno del Giudizio.
È dato all'uomo di morire una sola volta e poi il Giudizio!
Una finale trasparenza e luce.
La trasparenza degli eventi —
La trasparenza delle coscienze —
Bisogna che, in occasione del conclave, Michelangelo insegni al popolo —
Non dimenticate: Omnia nuda et aperta sunt ante oculos Eius.
Tu che penetri tutto — indica!
Lui aiuterà...

Anche il terzo dei componimenti, dal titolo *Colle nel paese di Moria*, è composto con analogo stile del « poeta visionario », e tratta di Abramo, inteso come « colui che ebbe fede sperando contro ogni speranza », che sale sul colle di Moria con il figlio Isacco.

La « visione » poetica, che predomina anche questa volta, è, però, una visione « *per speculum in aenigmate* ». La vicenda di Abramo viene presentata come un simbolo di quella che sarà la passione di Cristo:

O Abramo, tu che ascendi al Colle di Moria,
esiste un tale limite della paternità, una tale soglia,
quale tu non varcherai.
Un altro Padre riceverà qui la consacrazione del suo Figlio.
[...]

O Abramo così ha amato il mondo,
che ha consacrato il suo Figlio, perché ognuno, che avrà fede in Lui,
possa attingere la vita eterna.

Il primo componimento del *Trittico romano* che si intitola *Torrente,* è quello in apparenza più facile, ma in realtà è difficile da intendere, se non si entra nel giusto « circolo ermeneutico », ossia se non si acquisiscono quelle « pre-conoscenze », di cui all'inizio dicevo.

Il titolo del primo dei due componimenti che lo costituiscono — *Stupore* — è già di per sé molto indicativo. Che senso ha parlare di « stupore », ossia di «meraviglia», in relazione a un torrente, e dare tale titolo proprio alla descrizione di un torrente?

La risposta al quesito ce lo fornisce lo stesso Wojtyła nella sua opera filosofica maggiore che si intitola *Persona e atto.* Quest'opera è uno studio approfondito sull'uomo e sulla sua natura, di cui l'autore scrive: « Nasce dalla *meraviglia* di fronte all'essere umano, che genera, come è noto, il primo impulso conoscitivo. Sembra che tale *meraviglia* — che non è ammirazione, anche se ha in sé qualcosa di essa — sia all'origine di questo studio. La *meraviglia* come funzione dell'intelletto si manifesta in una serie di quesiti, in seguito in una serie di risposte o di soluzioni. In tal modo non solo viene sviluppato il processo del pensare sull'uomo, ma soddisfa anche una certa esigenza dell'esistenza umana. L'uomo non può perdere il posto che gli è proprio in quel mondo che egli stesso ha configurato» (LEV 1992, p. 44).

Come è noto, Platone e Aristotele sostenevano la tesi secondo cui la filosofia nasce proprio dallo *stupore* e dalla *meraviglia.* E tale è anche la convinzione di Wojtyła. Ma, per lui, *lo stupore e la meraviglia* non sono tanto quel sentimento che si prova di fronte ai fenomeni del cosmo, quanto invece e soprattutto quello che si prova di fronte all'essere umano. Il torrente che scorre è una metafora che esprime la vita dell'uomo, in quella dinamica che le è tipica.

Leggiamo i versi centrali, con l'incalzante ripetizione dei termini « stupore » e « meraviglia » in connessione con la figura dell'uomo:

Non si stupisce una fiumara scendente
E silenziosamente discendono i boschi
al ritmo del torrente
— però un umano si meraviglia.
Il varco che un mondo trapassa attraverso l'uomo
È dello stupore la soglia,
(una volta, proprio questo portento fu nominato « Adamo »).
Ed era solo, col suo stupore,
fra le creature senza meraviglia
— per le quali esistere e trascorrere era sufficiente.
L'uomo con loro scorreva
sull'onda dello stupore!
Meravigliandosi...

L'uomo è il « luogo d'incontro primordiale del Verbo », dice Wojtyła.

Nel secondo componimento, dal titolo *La sorgente,* si cerca l'origine del torrente stesso, e dunque il Verbo primordiale, ossia la sorgente da cui scaturisce l'uomo. Wojtyła scrive:

Se vuoi trovare la sorgente,
devi proseguire in su, controcorrente.

Se c'è il torrente, c'è senza dubbio anche la sua sorgente, che sta da qualche parte. Però non la si vede. Quindi la si deve cercare. Procedendo, appunto, « controcorrente ».

Molti si chiedono come mai il Sommo Pontefice ha sentito il bisogno di ritornare a comporre opere poetiche, come aveva fatto da giovane.

Ma, in primo luogo, va detto che alle composizioni poetiche (pubblicate per lo più sotto pseudonimi) Wojtyła si dedicò per quasi quattro decenni.

In secondo luogo, va ricordato e ribadito che Wojtyła, oltre che « teologo », è non solo « poeta », ma anche « filosofo » (entro quest'anno verrà edito un volume che contiene tutte le opere filosofiche da lui pubblicate, con il titolo *Metafisica della persona,* nella stessa collana Bompiani in cui è uscito nel 2001 il volume *Tutte le opere letterarie*).

Wojtyła riunisce in sé — in differente misura — le tre grandi forze spirituali mediante le quali l'uomo da sempre ha ricercato la verità: « arte », « filosofia », « fede e religione ». Il nesso di queste tre forze, nell'unità in cui si trovano in Wojtyła, costituisce quello che Platone chiamava il « dèmone » con cui l'uomo nasce e da cui viene accompagnato per tutta la vita, e che certi psicologi moderni chiamano « codice dell'anima ». È appunto questo il dèmone che accompagna Wojtyła, e che costantemente è presente in tutto ciò che fa e che dice.

Nel dramma *Fratello del nostro Dio* (LEV 1982, opera composta negli anni Quaranta, dedicata a Adam Chmielowski — nato nel 1845 e morto nel 1916, fattosi monaco con il nome di fratello Alberto, beatificato nel 1983 e santificato nel 1989 —), si legge un testo che ci rivela molto bene quel « dèmone » o « codice dell'anima » di cui dicevamo (tra fratello Alberto e Wojtyła ci sono sorprendenti analogie anche biografiche, oltre che spirituali). Ecco il testo:

« *Continua a cercare. Ma che cosa? Forse ho cercato abbastanza. Ho cercato fra tante verità. Tuttavia queste cose possono maturare soltanto così. Filosofia... Arte... La verità è ciò che infine viene a galla come l'olio sull'acqua. In questo modo la vita ce la svela... a poco a poco, in parte, ma continuamente. Inoltre essa è in noi, in ogni uomo. Ed è qui appunto che essa è vicina alla vita. La portiamo in noi, essa è più forte della nostra debolezza* ».

E nella *Nascita dei confessori* (n. 3) si legge:

« *Ma se c'è in me la verità — deve esplodere.*
Non posso rifiutarla, rifiuterei me stesso ».

GIOVANNI REALE

TIPOGRAFIA VATICANA